HISTOIRE

DU THÉATRE ROYAL

DE

L'OPÉRA-COMIQUE

PAR

ÉMILE SOLIÉ

PARIS

CHEZ TOUS LES LIBRAIRES

—

1847

c)

HISTOIRE

DU THÉATRE ROYAL

DE

L'OPÉRA-COMIQUE

PAR

ÉMILE SOLIÉ

PARIS
CHEZ TOUS LES LIBRAIRES

—

1847

L'Opéra-Comique n'a pas d'archives. Celles que les artistes-sociétaires de Feydeau avaient conservées avec soin ont été malheureusement oubliées à la salle Ventadour; le naufrage du Théâtre-Nautique les a submergées. De l'ancienne bibliothèque, il ne reste plus un registre, plus une brochure, plus un feuillet! L'auteur du présent opuscule n'a eu d'autre prétention que celle de placer quelques jalons sur la route de celui qui entreprendra de reconstituer ces archives. L'Opéra-Comique est un théâtre royal; sa situation florissante atteste que le public y rencontre un délassement de prédilection; le genre qu'il cultive est véritablement français; il a possédé, il possède encore des chanteurs éminens, de qui l'art musical a reçu des services signalés; c'est là que le génie national de nos compositeurs s'est le plus nettement développé. Tels sont les motifs sérieux d'après lesquels il a semblé que cette histoire ne serait, pour le lecteur, ni sans utilité, ni sans quelque intérêt.

HISTOIRE
DE
L'OPÉRA-COMIQUE

THÉATRES DE LA FOIRE.

Il y avait, au douzième siècle, sur l'emplacement même où a été bâti, en 1818, le marché Saint-Germain, une maison qui avait appartenu d'abord aux rois de Navarre, issus de Philippe le Hardi, et qui devint ensuite la propriété des abbés de Saint-Germain-des-Prés. Un jour, la maison fut abattue; on construisit, sur ses dépendances, les baraques d'une foire qui se tenait depuis le commencement du carême jusqu'à la fin de la semaine sainte, et qui fut appelée la foire Saint-Germain.

Une autre foire avait lieu depuis le mois de juin jusqu'à la fin de septembre; elle était connue sous le nom de foire Saint-Laurent, et construite dans l'enceinte de ce nom.

En 1595, des comédiens de province obtinrent la permission de donner des représentations à la foire Saint-Germain, sous la condition de payer aux successeurs des *Confrères de la Passion*, et aux comédiens de l'hôtel de Bourgogne, une redevance de deux écus par an. C'est sur ce théâtre infime que l'Opéra-Comique prend naissance en 1617.

Il paraît que la spéculation fut bonne tout d'abord, car un certain Honoré, qui fournissait de chandelles les comédiens, construisit un nouveau théâtre et obtint le premier privilége d'Opéra-Comique en 1624. Trois ans après, Honoré se retira, et Pontau fut son successeur.

Pontau eut des rivaux à combattre ; le plus redoutable fut le fameux Brioché, qui vint, en 1650, s'établir à la foire Saint-Germain, où il montra les marionnettes et arracha les dents avec un égal succès, tandis que son singe émerveillait la foule par ses tours de passe-passe. On sait la fin déplorable de ce singe célèbre. Cyrano de Bergerac, passant devant la barraque de Brioché, vit l'animal qui lui faisait des grimaces ; trompé par sa taille et ses vêtemens, l'irascible Cyrano s'imagina que c'était un homme qui se moquait de lui, et il passa son épée au travers du corps de l'infortuné singe.

Brioché, du reste, n'était pas le seul qui fit concurrence à Pontau. Celui-ci avait à craindre aussi une nuée de géans, de nains, de sauteurs, de funambules, d'animaux féroces, d'escamoteurs, etc., etc., dont la foire était peuplée. On vit même une troupe de rats, dansant sur la corde raide avec un balancier, détourner une bonne partie des spectateurs conviés par l'Opéra-Comique.

Expliquer quelle chose était ce qu'on appelait alors l'Opéra-Comique serait fort difficile. Nous voyons bien apparaître, jouées par des sauteurs, en 1640, la *Comédie des Chansons*; en 1661, l'*Inconstant vaincu*, pastorale en chansons ; en 1662, la *Nouvelle comédie des Chansons*, et en 1678, les *Forces de l'Amour et de la Magie*, avec danses, bouffonneries, machines, etc. Mais ces informes ébauches nous représentent tout au plus les premiers bégaiemens du vaudeville. A vrai dire, les opéras-comiques ne furent que des vaudevilles pendant bien longtemps. Le Sage parodiait presque tous les couplets de ses pièces sur de la musique connue, tellement connue, qu'*Arlequin, roi de Serendib*, est une *pièce par écriteaux*. Lorsque, par suite des tracasseries incessantes dont les poursuivait l'Opéra, la Comédie-Française et la Comédie-Italienne, à cheval sur les priviléges que leur conféraient leurs lettres-patentes, les théâtres de la foire furent réduits à ne jouer que des pantomimes, ces derniers imaginèrent, vers 1710, de faire descendre du cintre, par deux amours suspendus en l'air, de larges cartouches, sur lesquels était imprimé ou peint, en gros caractères, le couplet que l'acteur aurait dû dire (1). L'orchestre jouait l'air, et le parterre chantait en chœur les paroles qu'il avait sous les yeux. Les amours remontaient après le dernier accord et revenaient pour le couplet suivant. Les ouvrages dus à cette invention charivarique s'appelaient *pièces par écriteaux*, et l'usage s'en maintint jusqu'en 1714.

Cette même année, la troupe foraine de la foire Saint-Laurent s'associa avec celle de la foire Saint-Germain, sans cependant se confondre avec elle, et, quelques mois après, l'Opéra daignant enfin le permettre, moyennant finance, toutes deux prirent le titre d'Opéra-Comique sous la direction du sieur Saint-Edme et de la veuve Baron.

Arlequin, roi de Serendib, date de 1713. C'est le premier ouvrage que Le Sage ait écrit pour la Foire. Le Sage considéré, avec raison, comme le véritable fondateur de l'Opéra-Comique. Sans doute, Bellavaine avait déjà fait jouer, en 1705, son *Sancho Pança*; 1712 avait vu représenter *Arlequin, empereur de la Lune*, et *Arlequin, baron allemand*, pièces par écriteaux, dont la première était due à Chaillot et à Rémi, l'un officier mouleur de bois, l'autre greffier à l'Hôtel-de-Ville, tandis que la seconde avait été attribuée tour à tour à Fuzelier, à Le Sage et à Dominique. Mais ces essais isolés ne peuvent ravir à

---

(1) On ne commença pas par là. En premier lieu, chaque acteur se présenta avec un écriteau à la main où son rôle était écrit; d'abord ce fut en prose ensuite en couplets. Ces cartons embarrassant la scène, on prit le parti de les faire descendre du cintre.

Le Sage la gloire incontestable d'avoir déterminé le genre de l'Opéra-Comique et de s'en être constitué le principal appui pendant vingt-cinq ans.

Dorneval, Fuzelier, Autreau, Piron, Lafont, Fromager, avaient secondé Le Sage dans cette tâche. Près de quatre-vingt-dix pièces ont été le fruit de cette collaboration.

Après eux, l'Opéra-Comique acquiert un nouveau degré de splendeur avec Favart. Celui-là était le fils de cet honnête pâtissier dont l'imagination active enfantait de si bons échaudés et de si pitoyables chansons. Il était le mari de cette charmante Chantilly qu'il épousa à 17 ans, et qui lutta, avec un courage si digne d'un meilleur sort, pour se soustraire à la protection forcée du maréchal de Saxe. L'Opéra-Comique reconnaissant a pris le nom de Favart, la voix du peuple le lui conserve encore, après soixante ans.

La *Chercheuse d'esprit* est le modèle et le chef-d'œuvre de ces petites comédies ingénieuses, piquantes et naïves à la fois, que Favart substitua aux farces un peu grossières du théâtre de la Foire. A côté de Favart vient se placer le compositeur Duni, qui, le premier, remplaça la psalmodie de la musique française, par les airs vifs et mélodieux dont l'Italie avait alors le privilège. *Ninette à la cour* est de 1755; Favart et Duni firent suivre cette pièce de la *Fée Urgèle*, de la *Fille mal gardée*, des *Moissonneurs*, etc., etc.

L'Opéra-Comique plaisait tellement au public, que, durant le temps des foires Saint-Laurent et Saint-Germain, les autres théâtres de Paris étaient désertés. Ceux-ci demandèrent et obtinrent, en 1735, la suppression de l'Opéra-Comique, dont Favart était directeur. Mme Favart fut alors engagée par la Comédie-Italienne, et son mari écrivit un grand nombre de pièces pour ce théâtre.

Racontons, en peu de mots, l'histoire de la Comédie-Italienne. Ses commencemens n'ayant qu'un rapport très indirect avec le sujet qui nous occupe, nous nous contenterons de dire qu'une troupe de comédiens italiens, rassemblés par les ordres du régent, fut installée, en 1716, à l'hôtel de Bourgogne.

Cet hôtel, situé au coin de la rue Mauconseil et de la

rue Française, s'appelait hôtel d'Artois avant que Marguerite de Flandre, épouse en secondes noces de duc de Bourgogne, en fit sa résidence. Plus tard, l'hôtel, devenu masure, fut démoli et fit place à un théâtre où furent installés les comédiens français. Quand ceux-ci se réunirent, dans la salle de la rue Guénégaud, à la troupe de Molière, des comédiens italiens jouirent encore de la possession du théâtre de la rue Mauconseil. Mais le 4 mai 1697, M. d'Argenson, lieutenant général de police, en vertu d'une lettre de cachet du roi, se transporta à 11 heures du matin à l'hôtel de Bourgogne et fit apposer les scellés sur les portes du théâtre. D'Argenson a si bien gardé le secret sur les motifs de cette mesure, qu'aujourd'hui même on ne les connaît pas encore.

Les portes de l'hôtel de Bourgogne restèrent fermées jusqu'au moment où les nouveaux comédiens italiens, mandés par le régent, les rouvrirent, c'est-à-dire pendant 19 ans. Cette troupe était la neuvième venue d'Italie en France, depuis les premiers *Gelosi*, que Henri III fit jouer pendant les états de Blois. Or, ces Italiens, qui avaient eu tant de mal à se faire naturaliser, d'opprimés devinrent oppresseurs. L'Opéra-Comique leur portait ombrage ; ils le firent supprimer, une première fois, en 1719.

Hamoche et Mlle Delisle, directeurs du théâtre de la Foire, en étaient alors les arcs-boutans, sous les noms de Pierrot et d'Olivette. Pendant les années 1720 et 1721, l'Opéra-Comique se réfugia dans la troupe des danseurs de corde de Francisque ; mais, en 1722, « les auteurs de l'Opéra-Comique, dit Le Sage dans l'avertissement de l'*Ombre du cocher poète*, voyant encore une fois leur salle fermée, plus animés par la vengeance que par un esprit d'intérêt, s'avisèrent d'acheter une douzaine de marionnettes et de louer une loge où, comme des assiégés dans leurs derniers retranchemens, ils rendirent encore leurs armes redoutables. Leurs ennemis, poussés d'une nouvelle fureur, firent de nouveaux efforts contre Polichinelle chantant, mais ils n'en sortirent pas à leur honneur. »

Cependant les ennemis durent se rapprocher, car les comédiens italiens ne dédaignèrent pas de monter, à leur tour, sur les tréteaux de la Foire et d'y faire d'excellentes recettes, chose à laquelle l'hôtel de Bourgogne ne les avait guère habitués depuis longtemps.

La seconde fermeture de l'Opéra-Comique date de 1745.

Mais, en 1752, Jean Monnet ayant obtenu de nouveau la permission de faire renaître de ses cendres le théâtre défunt, les Italiens ne trouvèrent rien de mieux, pour anéantir définitivement cet indomptable rival, que d'opérer une fusion qui eut lieu en 1762. C'est de la période précédente que nous allons nous occuper.

Le goût de la musique s'était si généralement répandu, que nous voyons, en 1718, la Comédie-Italienne faire représenter la *Désolation des deux Comédies*, immédiatement suivie du *Procès des Théâtres*, pièces dans lesquelles les comédiens se plaignaient du tort que leur faisait le théâtre de la Foire et se réjouissaient ensuite de l'arrêt qui le condamnait au silence.

L'année suivante, l'Opéra-Comique, qui était vivace, ayant recouvré la parole, les Italiens jouèrent la *Foire renaissante*, comédie en un acte et en prose, *mêlée de vaudevilles*. On voit que déjà ils essaient de battre le théâtre de la Foire, avec ses propres armes, et font une première excursion sur son domaine. Nous verrons bientôt ce dessein se prononcer plus nettement. A la même époque, Le-Sage célébra ces divers évènemens avec les *Funérailles de la Foire* et le *Rappel de la Foire à la vie*. C'était une guerre de vaudevilles, guerre dont on ne peut pas avoir d'idée aujourd'hui, et qui avait sa gloire et ses dangers, puisqu'il s'agissait pour les combattans d'être ou de n'être pas.

Les Italiens ne tardèrent point à convier plus sérieusement la musique à leur venir en aide. Mouret écrivit, en 1729, les airs de *Baiocco et Serpilla*, parodie moitié française, moitié italienne, que Dominique et Riccobini avaient faite d'un intermède italien.

1754 est témoin d'une tentative décisive. A Paris se trouvait alors un ancien substitut du procureur-général au parlement de Toulouse, qui partageait l'admiration éprouvée par Jean-Jacques Rousseau pour la musique italienne. Cet homme se nommait Baurans. M. Castil-Blaze, saluez! il fut votre précurseur. Baurans entreprit de ramener les esprits que la lettre si violente du citoyen de Genève avait irrités. Vaincus par le Coin du Roi, c'est-à-dire par les partisans de Lulli et de Rameau, les chanteurs italiens, les *Bouffons*, avaient quitté l'Opéra et la France. Baurans s'empare du chef-d'œuvre de leur répertoire, il adapte sous la musique italienne des paroles françaises, et la *Serva padrona*, devenue la *Servante maîtresse*, est jouée à la Comédie-Italienne le 14 août 1754, cinq mois après la retraite des bouffons.

De ce jour date la révolution musicale que, l'année précédente, le théâtre de la Foire avait tentée d'une façon bien moins significative avec les *Troqueurs* de Dauvergne.

Les *lullistes* et les *ramistes* furent vaincus, et le Coin de la Reine resta maître du champ de bataille. Pergolèse avait gagné en français la bataille qu'il avait perdue en italien. Écoutons parler un écrivain du temps, Desboulmiers : « Si quelque chose peut nous faire croire, dit-il, au délire des Adbéritains après la représentation de l'*Andromède* d'Euripide, c'est l'espèce d'enthousiasme qui s'empara des Français pour les airs de la *Servante-Maîtresse*. » Encouragés par l'immense succès de cet ouvrage, les acteurs parodièrent, à l'exemple de Baurans, les meilleurs opéras dus au génie de leurs compatriotes ; et, tandis qu'ils en épuisaient la liste, nous avons vu Duni voler de ses propres ailes et faire une musique originale pour des ouvrages français.

Il est facile de voir que, même avant sa réunion avec les théâtres de la Foire, la Comédie-Italienne négligeait peu à peu son propre répertoire pour faire une plus large part au genre en faveur. Elle jouait, en 1760, le *Prétendu*, du fameux violon Gaviniès, le rival de Viotti. Si Philidor donnait au théâtre de la Foire ses opéras comiques, beaucoup trop vantés, de *Blaise le Savetier*, du *Jardinier et son Seigneur* et du *Soldat magicien* ; l'hôtel de Bourgogne recevait de Duni, *Ninette à la Cour*, la *Chercheuse d'esprit*, la *Fille mal gardée* et l'*Ile des Fous*. Le *Peintre amoureux de son Modèle* et *Mazet* étaient les seules pièces du même compositeur qui appartinssent à la Foire. Monsigny donnait la préférence à ce dernier théâtre, et il y faisait représenter les *Aveux indiscrets*, le *Cadi dupé*, l'*Ile sonnante*, le *Maître en droit*, *On ne s'avise jamais de tout*. Mais Gossec, Laruette, Papavoine, Bambini, Desbrosses, Blaise, Rodolphe, Clément, le chevalier d'Herbain, Gibert, Wan Malder, des Rochers, de Koot, et quelques autres, travaillaient tour à tour pour chacune des scènes rivales.

Riccoboni, Favart, Sedaine, Poincinet, Anseaume, Lemonier, Harny, Collé, Framery avaient été les auteurs ordinaires des paroles de ces *comédies à ariettes*, tandis que Vadé, Panard et Laujon s'étaient consacrés presque exclusivement au vaudeville.

COMÉDIE-ITALIENNE.
(THÉATRE FAVART.)

Nous entrons dans une période nouvelle, à l'époque de la suppression définitive du théâtre de la Foire, en 1762. La fusion des deux théâtres est inaugurée par les deux cents représentations du *Roi et le Fermier*, bientôt suivies du succès non moins prodigieux de *Rose et Colas*. Ces partitions sont, avec celle du *Déserteur*, considérées comme les meilleures qu'ait produites Monsigny. A son tour, Duni écrivit les *Chasseurs et la Laitière*, la *Fée Urgèle*, les *Moissonneurs* et les *Sabots* (1); Philidor apporta

---

(1) Dans la notice dont il a fait précéder une récente édition du *Diable amoureux*, de Cazotte, M. Gérard de Nerval gourmande vertement Marsollier et Duni pour avoir mis leurs noms à l'opéra des *Sabots*. A son avis, Cazotte et Rameau neveu seraient les seuls auteurs de cet ouvrage. — En ce qui concerne Marsollier, l'erreur est complète. A l'époque où les *Sabots* furent représentés, Marsollier n'avait que dix-huit ans, et chacun sait qu'il ne songea pas à travailler pour le théâtre avant l'âge de trente ans. M. Gérard a donc voulu désigner Sedaine. Eh bien, Sedaine, qui a refait, incontestablement, toute la pièce de Cazotte, n'a jamais été nommé sans son collaborateur. (Voir l'*Histoire du Théâtre-Italien*.) Reste la question de savoir si le neveu de Rameau est le compositeur de la musique des *Sabots*. Cazotte le dit, M. Gérard l'assure. Il est à croire, en effet, que Rameau a écrit les airs des paroles de

aussi son contingent avec le *Bûcheron*, le *Sorcier* et *Tom Jones à Londres*.

Les deux troupes ne formèrent plus qu'un seul et brillant faisceau de talens distingués. La Comédie-Italienne possédait Caillot, Colatto, Ciavarelli, Lejeune, Mme Bagnioli, Mlle Desglands, depuis Mme Bérard, Mlle Villette, qui devint par la suite Mme Laruette; Catherine Vicentini; l'Opéra-Comique lui amena Clairval, Laruette, Trial et Mlle Mandeville, sa femme, Mme Billioni, Nainville, Michu, les deux sœurs Colombe et Adèle Riggieri, Mlle Lefèbre, qui, en épousant le comédien Dugazon, donna une illustration nouvelle à ce nom; et, enfin, celle qui fut appelée, pendant si longtemps, la bonne Mme Gontier.

L'Opéra-Comique voyait s'accroître la faveur dont il était l'objet, mais la comédie n'attirait personne. Aussi, à mesure que les comédiens italiens se retiraient, n'étaient-ils pas remplacés; de sorte qu'en 1780 il ne restait plus de l'ancienne troupe que deux sociétaires, Carlin et Camerani. Ce dernier quitta bientôt la scène, et devint semainier perpétuel de la comédie italienne. Des chanteurs français furent appelés à remplacer les Italiens fugitifs. Granger, Mme Verteuil, Carline, se firent bientôt remarquer au premier rang. On continuait toujours à jouer les pièces de Favart et de Sedaine, mais des auteurs plus jeunes venaient à leur tour donner une physionomie nouvelle au répertoire. Radet, Piis, Desfontaines, mettaient en commun leur esprit dans de charmans vaudevilles. Parmi les compositeurs, la vogue s'attachait surtout aux opéras

---

Cazotte. Mais il n'est pas douteux que Duni les a refondus, en a supprimé quelques-uns pour y substituer ses propres inspirations, qu'il a seul entrepris la besogne de l'orchestration, et qu'il est, en un mot, le principal auteur de partition. A tout prendre, les *Sabots* sont loin d'être le chef-d'œuvre de Duni, et si Rameau possédait, ainsi que l'ont affirmé Diderot et Cazotte, une organisation musicale supérieure à celle de son oncle, revendiquer à grands cris pour lui la paternité des *Sabots*, c'est vouloir donner une mesure bien modeste d'un génie si extraordinaire.

de Grétry, qui avait donné le *Huron*, son premier ouvrage, et qui devait le faire suivre de tant de chefs-d'œuvre, tels que le *Tableau parlant*, *Zémire et Azor*, l'*Ami de la maison*, la *Fausse Magie*, *Sylvain*, le *Jugement de Midas*, l'*Amant jaloux*, la *Caravane*, *Richard Cœur-de-Lion*, etc., Champein débutait avec la *Mélomanie*; Dalayrac ouvrait la série de ses délicieuses partitions par le *Petit Souper* et le *Chevalier à la mode*, agréables essais, bientôt suivis d'*Azémia*, des *Petits Savoyards*, de *Camille*, de *Maison à vendre*, de *Nina*, de *Raoul*, *sire de Créqui*, d'*Ambroise*, d'*Adolphe et Clara*, de *Picaros et Diégo*, de *Gulistan*, de cinquante-six partitions, en un mot, qui égalèrent en nombre les trop courtes années après lesquelles Dalayrac termina sa carrière, en 1809. Dezaides, l'enfant mystérieux d'une grande famille, mettait au jour de charmans ouvrages qui eurent un succès dont, du moins, on ne contesta jamais la légitimité, *Julie* et *Blaise et Babet*, par exemple.

Monvel, Marsollier, Mercier, Lachabeaussière, Florian, Desforges, écrivaient, pour ces compositeurs, ce qu'on appelait ambitieusement alors le *poëme*, ce qu'on appelle aujourd'hui, avec un peu trop d'humilité, et sans plus de justesse, le *libretto*.

La salle de l'Opéra, qui était près du Palais-Royal ayant été détruite par un incendie, la situation de l'hôtel de Bourgogne fit craindre une catastrophe semblable. L'architecte Heurtier fut donc chargé de construire la salle Favart, sur le terrain de l'hôtel Choiseul, près du boulevart qui prit, depuis lors, le nom de boulevart des Italiens. L'ouverture de cette nouvelle salle eut lieu le 17 avril 1783.

Ce fut à Favart que se firent connaître les meilleurs acteurs qui aient illustré l'Opéra-Comique. « Là débutèrent,
» dit M. Audiffret, l'infatigable Chenard qui pendant
» quarante ans a chanté avec succès les premières basses-
« tailles en tous genres; Mlle Regnault (qui depuis épou-
« sa le poète d'Avrigny,) à la voix si pure, si fraîche et si
» flexible; Mme Saint-Aubin au jeu si vrai, si expressif,
» si gracieux, si varié, si universel, car elle excellait dans
« la comédie et dans le drame comme dans l'opéra-comi-
» que; Solié, bon comédien, agréable compositeur, qui, le

» premier à ce théâtre, sut adapter la méthode italienne
» au chant français ; Elleviou, qui, depuis, fut un des
» principaux soutiens de ce théâtre. » De nouveaux compositeurs, de nouveaux *paroliers*, comme dit M. Castil-Blaze, firent leurs premiers essais à Favart. Au nombre de ceux-ci étaient Déjaure, Fiévée et Hoffmann ; les musiciens comptaient Berton, l'auteur du *Premier Navigateur*, des *Rigueurs du Cloître*, de *Montano et Stéphanie*, du *Délire*, d'*Aline, reine de Golconde*, des *Maris garçons*, de *Françoise de Foix*, etc. ; Jadin, qui a composé le *Mariage de la Ville*, *Jean Bart et Pourceaugnac* ; Kreutzer, à qui l'on doit *Lodoïska*, *Paul et Virginie*, *Jadis et Aujourd'hui* et l'*Homme sans façon* ; Solié, dans les vingt-six partitions duquel on a surtout remarqué le *Secret*, le *Diable à Quatre*, *Mlle de Guise* et les *Ménestrels* ; Méhul, enfin, dont la gloire s'est appuyée si solidement sur *Euphrosine et Coradin*, *Stratonice*, l'*Irato*, *Joseph*, *Une Folie*, la *Journée aux Aventures*, etc.

Nous sommes arrivés à 1792, époque à laquelle la Comédie Italienne, abandonnant momentanément un titre qui était un non sens depuis vingt ans, s'appela, à partir du 10 août : *Opéra Comique-National de la rue Favart*.

THÉATRE DE MONSIEUR.

(THÉATRE FEYDEAU.)

Jusqu'en 1789, tout s'était réuni pour que rien ne manquât à la gloire et à la fortune de la Comédie-Italienne. Mais, *Monsieur*, frère du roi (ce même prince qui fut plus tard Louis XVIII), ayant voulu, lui aussi, avoir un théâtre dont il fut le patron et le parrain, fit obtenir un second privilège d'opéra comique au coiffeur de la reine, Léonard Autié, et au violoniste Viotti, tous deux fameux, on le voit, à des titres bien différens. Léonard et Viotti, appuyés par une société d'actionnaires, fondèrent un second théâtre d'opéra comique, auquel ils donnèrent le nom de *Théâtre de Monsieur*.

L'inauguration eut lieu le 26 janvier 1789, dans la salle du palais des Tuileries, qu'occupaient déjà le Théâtre-Français et l'Académie royale de Musique.

Le genre de la nouvelle troupe embrassa à la fois l'opéra bouffon italien, la comédie française, l'opéra-comique et le vaudeville, que la Comédie-Italienne avait fini par délaisser. Le théâtre de Monsieur amena peu à peu la ruine de Favart, sans parvenir à faire prospérer lui-même ses affaires, ainsi qu'on le verra plus tard. Cependant, sa troupe était composée de sujets recommandables, parmi lesquels se plaçaient en première ligne Mandoni et sa femme, Viganoni, Rovedino, Mengozzi, Mmes Marichelli, Baletti et les deux sœurs Rafanelli ; tous d'origine italienne, ainsi que leurs noms l'indiquent. Les acteurs français comptaient le célèbre chanteur Martin et Mlle Simonet, sa première femme, Gaveaux, Vallière, Lesage, sa femme, et Mme Verteuil. Dans la comédie, Paillardelle, Pélissier, sa femme, et Mme Josset, étaient en possession d'une juste faveur.

Le roi Louis XVI étant revenu habiter les Tuileries après les 5 et 6 octobre 1789, le théâtre de Monsieur se réfugia dans la petite salle des *Variétés amusantes* à la foire Saint-Germain, en attendant l'ouverture du théâtre que l'on construisait sur l'emplacement de l'hôtel Feydeau. L'ouverture de ce théâtre eut lieu le 6 janvier 1791 ; et, lorsque le comte de Provence rejoignit l'émigration, il prit le nom de Théâtre-Feydeau.

L'année suivante, à l'époque de Pâques, les acteurs jouant dans la comédie furent renvoyés, attendu qu'on les trouvait inutiles à la recette et onéreux pour la caisse. Le grand tort de ces acteurs était d'avoir montré un dévouement qui leur devenait funeste, en jouant les mauvaises pièces que Marsollier, Dumaniant, Patrat, Fabre d'Eglantine, Démoustier, Collot d'Herbois, Picard et plusieurs autres n'avaient pu faire agréer au Théâtre-Français.

Le 10 août fut le signal du départ des chanteurs italiens, qui se hâtèrent de retourner dans leur pays natal. Ceux-là avaient rendu de véritables et d'actifs services. En quatre ans ils avaient repris ou fait connaître : *Il re Teodoro, la Serva Padrona, I Filosofi imaginari, Il Barbiere di Siviglia, la Molinarella, la Frascatana, l'Impresario e l'Italiana in Londra, la Villanella rapita, le Gelobie vil-*

lane, le *Nozze di Dorina*, la *Pastorella nobile*, *I due Gemelli*, la *Cosa rara*, *I Viaggiatori felici*, le *Vivendé amorose*, la *Finta giardiniera*, etc., en un mot, trente-trois opéras choisis parmi les chefs-d'œuvre de Paisiello, Cimarosa, Bianchi, Sarti, Guglielmi, Vicenzo Martini, Trista, Anfossi, etc.

Viotti, dont l'intelligence et l'activité avaient créé et soutenu jusqu'alors la troupe et le répertoire, partit pour Londres, après la perte des pensions qu'il recevait de la cour et des économies qu'il devait à ses talens.

Ses successeurs n'exploitèrent que deux genres, l'opéra-comique et le vaudeville. Leur privilége ne leur permettant d'abord que la représentation des opéras traduits ou parodiés de l'Italien, ils jouèrent le *Marquis de Tulipano*, *Orgon dans la lune*, l'*Infante de Zamora*, l'*Antiquaire*, la *Feinte jardinière*; puis Champein donna sous un pseudonyme italien, le *Nouveau don Quichotte*; puis enfin, le public put applaudir la *Lodoïska* de Chérubini; les *Visitandines* de Devienne, l'*Amour filial* de l'acteur Gaveaux, et l'*Officier de fortune* de Bruni.

Desaugiers et son fils tentèrent, à leur tour, une entreprise plus que bizarre et qui n'eut pas tout le succès qu'ils s'en étaient promis : ce fut de transformer en opéra-comique le *Médecin malgré lui*, de Molière. On essaya aussi, après eux, de mettre en musique les *Plaideurs* de Racine, mais avec moins de bonheur encore.

Le genre du vaudeville se perfectionnait extrêmement. Beffroy de Regny, caché derrière le Cousin Jacques, donnait l'*Histoire universelle* et le *Club des bonnes gens*; Pujoulx faisait jouer *Cadichon*, et Léger la *Papesse Jeanne*.

Tout semblait concourir à la fortune de Feydeau. Le public y voyait avec plaisir une mise en scène, des costumes, des décors auxquels il n'avait pas été habitué; il entendait des chœurs remarquables d'ensemble, un orchestre excellent, successivement dirigé par Mestrino, Puppo et Lahoussaye; il se pressait aux représentations de la *Caverne*, du grand compositeur Lesueur, de *Roméo et Juliette*, de Steibelt, des *Deux Hermites* et de la *Famille indigente*, de Gaveaux, de *Claudine*, de Bruni. Mais, en 1794, le théâtre Favart, ayant enlevé Martin et

Gavaudan à son rival; celui-ci, quoique plus riche en cantatrices que le premier, car il possédait Mmes Scio et Rollandeau, perdit l'avantage. Aux délicieux chanteurs, aux excellens acteurs, aux charmantes actrices de Favart, il ne pouvait opposer que Juliet, Rézicourt, et les acquisitions récentes de Lebrun et de Mlle Lesage; ce n'était pas assez.

Une circonstance extraordinaire, amenée par les orages du temps, reconquit néanmoins une vogue nouvelle au théâtre Feydeau. Les comédiens français, emprisonnés sous la Terreur, venaient d'être rendus à la liberté. Ils trouvèrent dans ce théâtre une hospitalité empressée, et, le 28 janvier 1795, ils débutèrent par la *Mort de César* et la *Surprise de l'Amour*. Les représentations des chanteurs de l'Opéra-Comique alternèrent avec les leurs. Vers la fin de l'année suivante, les acteurs de la tragédie, Mlle Raucourt en tête, suivis de quelques comédiens, allèrent se fixer au théâtre Louvois.

Il resta encore à Feydeau, Dazincourt, Fleury, Bellemont, Caumont, Damas, Armand, Mmes Contat, Devienne, Lange et Mlle Mars, alors dans tout l'éclat de la jeunesse. Le directeur Sageret, usant de représailles, enleva à Louvois, à la fin de 1797, Molé, La Rochelle et la jolie Mézeray, dont la présence provoqua la retraite de Mlle Lange qui se maria ensuite avec M. Simons.

Sageret, profitant de la décadence du théâtre de la République, rue Richelieu, attira à lui Mme Petit-Vanhove (depuis Mme Talma,) Grandménil et Dugazon. Cette réunion de magnifiques talens brilla cinq mois à Feydeau et alla se compléter au théâtre de la rue Richelieu, dont elle prit possession le 5 décembre 1798.

La société qui existe encore aujourd'hui à la Comédie-Française, date de 1799.

Sageret s'était ruiné, Feydeau languissait. On y allait bien de temps en temps applaudir aux débuts de Jausserand, de Fay et de Mlle-Desbrosses; on y venait assister aux premières représentations de *Toberne*, et du *Major Palmer* de Bruni, du *Petit Matelot*, du *Traité nul*, de *Sophie et Moncars*, d'*Alexis, ou l'Erreur d'un bon Père*, de Gaveaux, des *Comédiens ambulans*, de Devienne, de *Médée* et des *Deux Journées*, de Chérubini; mais, c'en était fait, il était prouvé que deux théâtres d'opéra-comique ne pouvaient prospérer à Paris.

De 1798 à 1800, Feydeau ferme, se rouvre, se referme sous différens directeurs ; il donne asile à la troupe de Picard, chassée de l'Odéon par l'incendie, jusqu'à ce que la salle Louvois puisse la recevoir. Garat en fait, à son tour, le théâtre de ses concerts et de ses triomphes. Enfin le départ de Mme Scio lui donne le coup mortel. Il se débat inutilement au milieu de nouvelles vicissitudes ; il appelle en vain à son secours Mme Bachellier, depuis Mme Fay : le mois d'avril 1801 le voit fermer ses portes définitivement.

Le théâtre Favart ne reçut qu'un faible secours de l'acquisition de Mme Scio ; car, peu de temps après, lui aussi cessa ses représentations.

Alors s'entrecroisèrent mille intrigues du milieu desquelles eut beaucoup de peine à sortir une fusion des artistes des deux théâtres défunts. Ces artistes, réunis en société le 16 septembre 1801, inaugurèrent une ère nouvelle qui ne devint brillante qu'à compter de 1806, année où un décret impérial fonda un théâtre exclusif d'opéra-comique qui s'établit à Feydeau.

SOCIÉTÉ DU THÉATRE FEYDEAU.

Sous la société de Feydeau, l'histoire de l'Opéra-Comique n'est qu'une longue suite de prospérités. Aux grands compositeurs que nous avons nommés, à Le Sueur, à Chérubini, à Méhul, à Berton, à Dalayrac, vinrent se joindre Catel, l'auteur de l'*Auberge de Bagnères* et de *Wallace*; Boïeldieu, qui avait débuté, en 1797, par la *Famille suisse*, *Zoraïme et Zulnare* et *Beniowski*, mais qui établit alors les fondemens d'une gloire que devait couronner la *Dame blanche*, avec le *Calife de Bagdad*, *Tante Aurore*, *Jean de Paris*, le *Nouveau Seigneur de Village*, les *Voitures versées*, la *Jeune Femme colère*, la *Fête au Village voisin* et le *Chaperon rouge*; Nicolo-Isouard, qui, en refaisant le *Tonnelier*, préludait aux succès du *Médecin turc*, de l'*Intrigue aux fenêtres*, des *Rendez-vous bourgeois*, d'*Un Jour à Paris*, de *Joconde* et de *Cendrillon*. Bien d'autres encore, astres de second ordre, viennent se grouper autour de cette magnifique pléiade : Bochsa, Mme Gail, Kreubé, Plantade, etc., etc. Le compositeur italien Paer produisit plus tard un petit chef-d'œuvre, le *Maître de Chapelle*.

Parmi les auteurs des paroles, on comptait Etienne, Hoffmann, Favières, Justin Gensoul, de Longchamps, Saint-Just, Creuzé de Lesser, Sewrin, Alexandre Duval, etc.

Mais ce qui fit surtout la fortune de Feydeau, ce fut l'ensemble unique de talens remarquables qui composaient sa troupe, et à la tête desquels étaient placés deux acteurs du mérite le plus éminent : Elleviou et Martin ! Ce répertoire charmant, créé par le génie des illustres compositeurs que nous avons nommés, était joué par des chanteurs et des comédiens, tels que Gavaudan, qui venait, après Philippe, exercer des facultés dramatiques qui le firent surnommer le Talma de l'Opéra-Comique ; Lesage et Moreau, comiques adorables et pleins de naturel, qui avaient succédé à Trial ; Juliet, grime à la fois bouffon et vrai, qui avait recueilli l'héritage de Laruette, et qui le partagea ensuite avec Vizentini, dont la verve était plus contenue, mais aussi dont les formes étaient plus distinguées ; Paul Michu, qui venait, après Gaveaux, remplir, avec l'intelligence la plus agréable, l'emploi des *Colins* et des amoureux. Nous ne parlons pas de Solié et de Chenard, qui, avec Elleviou et Martin, avaient été les colonnes du théâtre Favart.

Parmi les femmes, se plaçaient en première ligne : Alexandrine Saint-Aubin, la rivale de Mme Dugazon, et sa fille, autre Alexandrine, l'émule de Mme Gavaudan ; toutes quatre perpétuant une tradition de charme, d'esprit, de malice et de gentillesse ; toutes quatre admirables dans un emploi qui n'appartient qu'à l'Opéra-Comique, et qui y a toujours été tenu avec succès, puisqu'il s'est continué jusqu'à nous, en passant de Mme Boulanger à Mme Pradher, et de celle-ci à Mlle Darcier. Venaient ensuite Mme Boulanger, que nous venons de nommer, et qui, avant d'être une *Dugazon* charmante et une duègne excellente, a déployé les trésors d'une très belle voix dans l'emploi des premières chanteuses ; Mmes Duret-Saint-Aubin, Mlle Regnauld, depuis Mme Lemonnier, Mlle Desbrosses, qui après avoir débuté sous l'ingénu bavolet des *Philis*, des *Betzi* et des *corsets*, devint la duègne pleine d'ampleur que l'on a applaudie pendant de si longues années.

Feydeau compta plus tard dans ses rangs des artistes dont beaucoup existent encore et qui se firent une place plus ou moins belle. Citons, parmi ces derniers Ponchard, le successeur d'Elleviou et le plus savant chanteur qu'ait possédé l'Opéra-Comique; Chollet qui s'empara, autant que possible, des rôles impossibles de Martin, mais qui créa lui-même un emploi dans lequel il a obtenu de grands succès. Féréol, *Trial* qu'on n'a pas oublié; Huet, Lemonnier, Darancourt, Mmes Rigault, Casimir, Prévost, etc., qui furent un trait d'union entre les acteurs d'autrefois et ceux d'aujourd'hui, et qui interprétèrent Auber, Adam et Halévy, après avoir chanté les ouvrages de Méhul, de Nicolo et de Boïeldieu.

Bornons ici une nomenclature qui nous a déjà peut-être entraîné trop loin, et recherchons les causes de la *grandeur* et de la *décadence* de la société de Feydeau.

Ces causes se résument en deux mots; tant qu'Elleviou et Martin appartinrent à l'Opéra-Comique, l'Opéra-Comique fut florissant; il cessa de l'être quand il cessa de les posséder.

De 1801 à 1814, Elleviou a été la clé de voûte du répertoire. L'extérieur séduisant de cet acteur l'avait rendu la *coqueluche* (c'était le mot d'alors) du beau sexe, lequel entraîne toujours la fortune sur ses pas. —Notez encore, notez surtout que l'Empire avait fait de Paris un camp permanent où les états-majors de toutes armes possédaient des représentans nombreux; ceux-là aimaient en Elleviou la façon coquette avec laquelle il portait l'habit militaire. Depuis le *Prisonnier*, de Della Maria, joué en 1797, les auteurs avaient écrit vingt pièces comme *Adolphe et Clara* et comme les *Maris Garçons*, pour fournir à Elleviou l'occasion de faire admirer son élégante tournure sous le costume de hussard. On en avait même abusé à ce point que quelques mauvais plaisans répétaient partout que le talent du beau ténor était trop *uniforme*. Ceux que ce motif puéril n'attiraient pas, venaient entendre chanter Elleviou dont la voix, sans être puissante, était étendue et conduite avec goût.

Elleviou fut prématurément enlevé à la scène par un brillant mariage, en 1814. Alors Martin qui, jusque là, avait rivalisé avec son heureux camarade, sans parvenir à obtenir une action égale sur le public, Martin, d'acteur estimé, devint acteur favori. La foule se pressa pour l'entendre comme elle s'était pressée pour voir Elleviou. Martin méritait cette faveur, plus que ce dernier peut-être. On sait que sa voix embrassait, dans son registre exceptionnel, trois octaves pleines, et que, grave ou aigüe, elle était douce et pénétrante au-delà de tout ce qu'on peut imaginer. Martin avait cependant ses défauts; il avait le tort de surcharger d'ornemens le dessin musical, tracé par le compositeur, au point de le rendre méconnaissable; il abusait aussi étrangement des sons de tête et des traits flûtés qu'il exécutait avec une facilité inouïe; mais ces défauts même devenaient des qualités, puisque le public les applaudissait et qu'ils constituaient, pour lui, un des principaux mérites du chanteur. Martin était, en outre, un comédien plein de verve, de franchise et de finesse. Il eût endossé au Théâtre-Français la souquenille des valets de haute-comédie avec le même talent et le même succès qu'il portait la livrée de Frontin à l'Opéra-Comique. Malheureusement, la Restauration était venue, les théâtres avaient été mis au ban des plaisirs d'un monde pour lequel le scrupule était affaire de mode et d'opinion. On n'aimait pas ces acteurs trop protégés par l'Empire. Le duc d'Aumont, premier gentilhomme de la chambre, et chargé de veiller sur la direction imprimée aux affaires de la société, n'avait rien de ce qui convenait à des fonctions qui demandaient surtout de l'intelligence et de l'activité. L'Opéra-Comique périclita. Martin s'était retiré au milieu de sa gloire; il était riche et voulait vivre de la vie de famille. Personne ne l'avait encore remplacé dans la faveur du public. Les choses allant de mal en pis, on fut trop heureux d'agréer les propositions de M. Ducis, neveu de l'auteur d'*Hamlet*, qui se substitua à la société, en se chargeant de payer ses dettes et les pensions qu'elle faisait à ses anciens camarades.

Avant de quitter Elleviou et Martin, mentionnons les essais qu'ils avaient tentés; le premier, en écrivant le poème de *Délia et Verdican*, et en colloborant à celui de l'*Auberge de Bagnères*; le second, en composant la partition des *Oiseaux de mer*, en 1796. Là se borne ce que nous pouvons dire de ces ouvrages. Martin et Elleviou, ces grands artistes, étaient de médiocres auteurs. On ne peut réunir tous les talens : leur lot fut encore assez beau.

DIRECTIONS DUCIS; DUCIS ET DE SAINT-GEORGES; SINGIER ET Cᵉ; LUBBERT; LAURENT.—NOUVELLE SOCIÉTÉ.

Quelques mois après la prise de possession de Ducis, la salle Feydeau, menaçant ruine, fut fermée le 15 août 1828. Une salle nouvelle avait été construite sur l'emplacement de l'ancien hôtel Ventadour, où s'était installée la Loterie royale de France; cette salle fut inaugurée le 6 septembre 1828, par *Adolphe et Clara* et la *Dame blanche*. La *Dame blanche*! c'est-à-dire le plus délicieux opéra de Boïeldieu, joué par un éminent chanteur, M. Ponchard, une excellente chanteuse, Mme Rigault, et une piquante comédienne, Mme Boulanger. Mais la *Dame blanche* était vieille de trois ans et ne pouvait ramener le public; d'ailleurs, la salle Ventadour devait être fatale à l'opéra comique. Malgré les *Deux Nuits*, de Boïeldieu, la *Fiancée* et *Fra Diavolo*, d'Auber, *Marie* et *Zampa*, d'Hérold, *Mazaniello*, de Carafa; malgré Ponchard, Chollet, Mmes Pradher, Casimir et Prévost, aucune direction ne put réussir. Elles se succédèrent avec une rapidité dont les dates seules donneront une juste idée.

Ducis succombant sous le poids de charges qu'il avait trop légèrement acceptées, le théâtre est fermé le 13 juin 1830. Il se rouvre le 25 juillet de la même année, vingt-quatre heures avant la révolution, sous la direction de Ducis, réuni cette fois avec M. de Saint-Georges. Les représentations, immédiatement suspendues, reprennent leur cours le 9 août. Le 8 avril 1831 voit la fin de la gestion de MM. Ducis et de St-Georges.

M. Singier, l'habile directeur que Lyon avait enrichi, se

présente avec *Zampa*, le 1ᵉʳ mai de la même année, pour tenter la fortune ; trois mois et demi après, le 12 août, M. Singier se retire avec MM. Boursault et Huvé qu'il représentait. A son tour, M. Lubbert rouvre Ventadour, le 8 octobre 1831 et le referme le 8 décembre. La courte administration de M. Laurent dure du 14 janvier 1832 au 14 mars, même année. Notez qu'après chacun de ces règnes éphémères, le théâtre restait fermé et que les artistes étaient dans la situation la plus déplorable.

Fatigués de ces oscillations perpétuelles, si funestes au répertoire et à l'existence même de l'Opéra-Comique, ces artistes résolurent de se constituer de nouveau en société. M. Paul Dutreih fut nommé gérant, et comme la salle Ventadour entraînait à des frais écrasans, les nouveaux sociétaires obtinrent la permission de s'installer au théâtre de la Bourse, que la fermeture des Nouveautés avait laissé sans destination. Ils y commencèrent donc leurs représentations, le 24 septembre avec le *Maçon* et les *Voitures versées*. Hélas! la société ne devait pas être plus heureuse que les précédentes directions. Elle fut dissoute le 31 mars 1834.

Enfin, MM. Crosnier et Cerfbeer vinrent, et l'Opéra-Comique put espérer des jours plus fortunés. Le succès de *Lestocq*, obtenu le jour même de la réouverture, le 24 mai 1834, fut le prélude d'une prospérité qui ne se démentit plus.

DIRECTION DE MM. CROSNIER ET CERFBEER.

MM. Crosnier et Cerfbeer avaient conquis une grande réputation administrative à la Porte-Saint-Martin; ils la justifièrent et l'augmentèrent encore à l'Opéra-Comique. Les désastres successifs de ce théâtre avaient affaibli sa troupe et ruiné son répertoire. Les nouveaux directeurs reconstituèrent l'une et relevèrent l'autre.

Pour y parvenir, ils ne craignirent pas d'engager sans cesse de nouveaux acteurs; ils imprimèrent aux études une activité extraordinaire, jouèrent pièces sur pièces, jusqu'à ce qu'ils eussent rencontré un succès, et n'attendirent jamais que ce succès fût épuisé pour en préparer un nouveau. Quoique M. Cerfbeer se soit retiré le 1er août 1841 et que M. Crosnier soit resté seul jusqu'au 11 avril 1845, jour de sa démission, nous ne scinderons pas les faits de cette double direction, afin de simplifier notre travail et lui donner plus de clarté.

Nommer tous les ouvrages montés par M. Crosnier nous entraînerait également trop loin. Pour montrer à quel point il eut la main heureuse, il suffit de citer le *Postillon de Lonjumeau*, le *Brasseur de Preston*, le *Roi d'Ivetot*, d'Adam, l'*Ambassadrice*, le *Domino noir*, les *Diamans de la Couronne*, le *Duc d'Olonne*, la *Part du Diable*, la *Sirène*, d'Auber, le *Puits d'Amour*, de Balfe ; les reprises de *Richard Cœur-de-Lion*, de Grétry, de l'*Eau merveilleuse*, de Grisar, du *Déserteur*, de Monsigny, de *Gulistan*, de Dalayrac, de *Cendrillon*, de Nicolo, etc.

Mais ce qui est, par-dessus tout, curieux, c'est la liste des acteurs qui ont passé à l'Opéra-Comique du temps de M. Crosnier. Autrefois les abords de Feydeau étaient difficiles et presque inaccessibles pour les débutans. Il fallait, pour paraître sur ces planches redoutées, posséder un talent reconnu et éprouvé plus ou moins longtemps en province. Les sociétaires formaient presque seuls toute leur troupe et ne s'adjoignaient quelques pensionnaires que pour les rôles accessoires. Ces erremens avaient été plus ou moins suivis jusqu'à M. Crosnier. Ce directeur entreprit de changer tout cela.

Il se dit que le public, tout en tenant beaucoup aux talens qu'il avait adoptés depuis longtemps, aimait aussi beaucoup les visages nouveaux. En conséquence, aux chanteurs étrangers, aux artistes de province, aux élèves du Conservatoire, les portes de l'Opéra-Comique furent toutes grandes ouvertes.

Celui qui ne réussissait pas était immédiatement remplacé par un autre. Entre deux débutans également nuls, M. Crosnier préférait toujours le plus nouveau.

Veut-on savoir quelle effrayante consommation d'acteurs fit alors le théâtre de l'Opéra-Comique ? Prenons une date importante : celle, par exemple, où M. Ponchard quitta la scène, pour se consacrer uniquement à l'enseignement de l'art qu'il a tant illustré, et auquel il a rendu des services qui lui ont mérité la croix d'honneur.

La retraite de M. Ponchard sonna le 15 janvier 1837. A cette époque, la troupe se composait de MM. Chollet, Thénard, Henri, Inchindi, Moreau-Sainti, Deslandes, Couderc, Jansenne, Fargueil, Léon, Ricquier, Roy, Fleury, et de Mmes Damoreau-Cinti, Casimir, Boulanger, Prévost, Jenny-Colon, Rifaut, Olivier, Monsel, Calvé, Henchoz, Roy et Rossi. Eh bien, ces artistes virent arriver successivement, tant qu'eux-mêmes restèrent au théâtre, du moins: MM. Teissier, Grignon, Réyial, Tilly, Emile Fleury, Roger, Fosse, Mocker, Emon, Masset, Marié, Daudé, Ste-Foy, Botelli, Euzet, Grard, Laget, Puig, Delno, Audran, Duvernoy, Carlo, Giraud, Tigé, Hermann-Léon, Chaix, Garcin-Brunet, Gassier, et Mmes Berthault, Jamet, Augusta, Blanchard, Guichard, Eugénie Garcia, Borghèse, Henri-Potier, Darcier, Félix, Thillon, Henry, Descot, Révilly, Capdeville, Luguet, Rouvroy, Denaux, Masson, Lavoye, Récio, Sarah, Zévaco, Quidant-Lehuen, Aline Duval et Delille. En tout, quarante neuf nouveaux pensionnaires qui, ajoutés aux vingt-sept artistes composant a troupe en janvier 1837, forment un effectif de quatre-vingt un visages que le public a pu voir à l'Opéra-Comique en huit ans et quelques mois. Le succès a donné gain de cause à ce système, et l'on doit reconnaître qu'il était bien imaginé.

M. Crosnier peut d'ailleurs se glorifier d'avoir trouvé, dans ce menu frétin, des artistes du plus grand mérite et qui, à l'heure qu'il est, occupent encore le premier rang.

Cette période de huit ans a vu plusieurs faits relatifs à l'Opéra-Comique s'accomplir. — A la fin d'octobre 1837, Martin finit sa carrière à la campagne de son ami Elleviou, près de Lyon. — Le Théâtre-Italien est détruit par un incendie, dans la nuit du 14 au 15 janvier 1838. C'est à cette catastrophe que l'Opéra-Comique doit d'être maintenant à la salle Favart. — Le 18 décembre de la même année, un modeste pensionnaire du théâtre, le souffleur Der, passe de vie à trépas; quarante-cinq années de services lui méritent cette mention particulière. — Le compositeur Paër, chef de la musique du roi, meurt l'année suivante. — Le

22 juillet 1839, la chambre des députés vote la loi pour la reconstruction de la salle Favart, afin que l'Opéra-Comique y soit établi. Après le vote conforme de la chambre des pairs, cette loi est promulguée le 7 août, et, le 4 septembre, M. Alphonse Cerfbeer est proclamé adjudicataire des travaux de reconstruction. — Ces travaux sont conduits avec tant de rapidité que, le 30 avril 1840, l'Opéra-Comique donne sa dernière représentation au théâtre de la Bourse, et que le 16 mai suivant, la nouvelle salle Favart est inaugurée. — Le 1er août 1841, M. Cerfbeer laisse la direction à M. Crosnier tout seul, ainsi que nous l'avons déjà dit. — Une attaque d'apoplexie surprend Elleviou, le 5 mai 1842, dans l'escalier des bureaux du *Charivari*; et il meurt, vingt-un ans, jour pour jour, après l'empereur Napoléon, sous le règne duquel il avait régné... à Feydeau. — 17 décembre 1843, mort de Génot, ancien acteur et régisseur général. — Berton, le gracieux compositeur, qui se survivait à lui-même depuis trente ans, meurt le 25 avril 1844. — Un an après, le 14 mars 1845, Etienne le suit dans la tombe. — Enfin, le 11 avril même année, M. Crosnier donne sa démission de directeur; et à sa place, M. le ministre de l'intérieur nomme M. Basset.

Rendons justice à M. Crosnier. Un puéril besoin de changement ne le poussait pas à essayer tous les jours de nouveaux talens : il cherchait et il osait ; voilà le secret de son constant bonheur. A la liste de ses pensionnaires, faut-il ajouter celle des compositeurs dont il a fait représenter les ouvrages, et qui étaient, à une ou deux exceptions près, inconnus du public ? Faut-il citer, à côté des noms de MM. Auber, Halévy, Adam et Carafa, ceux de Gomis, de Godefroy, de Monpou, trois jeunes hommes morts avant le temps, et ceux de MM. Ambroise Thomas, Onslow, Grisar, Labarre, Henri Potier, Boulanger, Adrien Boïeldieu, Bordèse, Donizetti, Montfort, Bousquet, Thys, Clapisson, Justin Cadaux, etc. ; sans compter une foule de librettistes qui n'avaient jamais pu obtenir l'entrée en franchise à l'Opéra-Comique ? Remercions M. Crosnier pour ce qu'il a fait; remercions-le surtout de s'être désigné un successeur qui a continué sa tâche d'une manière si brillante.

DIRECTION DE M. BASSET.

Avant de présider aux destinées de l'Opéra-Comique, M. Basset était commissaire royal près du Second-Théâtre-Français; les auteurs, les journalistes, les artistes connaissaient son intelligence élevée, ses formes distinguées et polies; sa nomination aux fonctions de directeur d'un théâtre de premier ordre obtint donc le suffrage général.

Aux qualités qui font l'homme du monde, M. Basset a su prouver, depuis deux ans et plus, qu'il possède celles qui sont le partage de l'administrateur habile.

La *Barcarolle*, dans laquelle débuta la séduisante Mlle Delille, fut jouée le 22 avril, entre l'époque de la démission de M. Crosnier et le jour de l'installation de M. Basset; mais un petit opéra de M. Boulanger, intitulée *Une Voix*, commença la série des dix-sept opéras nouveaux que M. Basset a fait jouer dans le court espace de deux ans. Nous ne comptons pas cinq reprises, fort importantes cependant.

Voici, au surplus, la liste complète de ces ouvrages, les noms des compositeurs auxquels on en doit la partition, et la date des premières représentations. Que MM. les auteurs des paroles nous pardonnent, mais notre mémoire ne nous ayant pas servi au gré de nos désirs, nous avons préféré n'en désigner aucun plutôt que de n'en nommer que trois ou quatre.

1845 :
28 mai. — *Une Voix* (Ernest Boulanger).
9 août. — *Le Ménétrier* (T. Labarre).
25 août. — Reprise de *Marie* (Hérold).
13 octobre. — *La Charbonnière* (Montfort).
25 octobre. — *Le Mari au bal* (A. de Beauplan).
25 novembre — *L'Amazone* (Thys).

1846 :
3 février. — *Les Mousquetaires de la Reine* (Halévy).
15 mai. — *Le Trompette de Monsieur le Prince* (Bazin).
17 mai. — *Le Veuf du Malabar* (Doche).
29 juin. — Reprise de *Zémire et Azor* (Grétry).
5 août. — *Le Caquet du Couvent* (Henri Potier).
14 août. — Reprise de *Paul et Virginie* (Kreutzer).
16 septembre. — *Sultana* (Maurice Debourges).

19 novembre. — *Gibby la Cornemuse* (Clapisson).
1847 :
16 janvier. — *Ne Touchez pas à la Reine* (X. Boisselot).
8 février. — *Le Sultan Saladin* (Bordèse).
13 mars. — *Alix* (Doche).
24 mars. — Reprise de *L'Eclair* (Halévy).
27 avril. — *Le Bouquet de l'Infante* (Adrien Boïeldieu).
18 mai. — *Le Malheur d'être jolie* (Bazin).
4 juillet. — Reprise d'*Actéon* (Auber).
7 août. — *La Cachette* (E. Boulanger).

On voit que M. Basset a révélé au public trois compositeurs nouveaux, et qui sans lui eussent été peut-être encore longtemps inconnus. Ce sont MM. Bazin, Maurice Debourges et Boisselot, l'auteur de *Ne touchez pas à la Reine.* Ce délicieux opéra est, après les *Mousquetaires de la Reine*, le plus grand succès qu'ait obtenu M. Basset, et il fait présager que M. Boisselot deviendra certainement un des plus fermes appuis de l'art musical en France.

Les auteurs de paroles qui ont le privilége de travailler le plus fréquemment pour l'Opéra-Comique sont MM. de Saint-Georges, Mélesville, de Leuven, Brunswick, et celui que nous aurions dû mettre à leur tête, le spirituel, ingénieux et fécond auteur de tant de pièces charmantes, le plus habile de nos écrivains dramatiques, en un mot M. Scribe.

Beaucoup de jeunes artistes doivent à M. Basset l'avantage de s'être produits sur la scène Favart. Ce n'est point la faute du directeur si tous n'ont pas obtenu un égal succès. MM. Grard et Pradeau, Mmes Saint-Ange et Martin-Charlet ne font déjà plus partie de la troupe. Le premier, qui était déjà connu du public parisien, a été forcé de se retirer à cause de l'état fâcheux de sa santé. Mais que l'on veuille bien jeter un coup d'œil sur le tableau du personnel de l'Opéra-Comique, que nous donnons plus loin, et l'on verra combien d'artistes d'avenir M. Basset a mis en lumière. Parmi les noms que précède une astérisque, qui ne remarquera ceux de Bussine, de Mlle Lemercier, de Mlle Charton, et surtout celui de Mlle Grimm. Voix sympathique et vibrante, sentiment exquis, instinct dramatique, telles sont les qualités que l'étude et l'expérience développeront chez cette jeune personne pour en faire, nous en avons l'espoir, un sujet de premier ordre. Quant à MM. Jourdan, Carlo, Montaubry ; quant à Mlles Rouillié, Marie Lavoye, Berthe, Levasseur et Morel, ils sont zélés et intelligens; elles sont intelligentes et jolies, c'est assez pour ne pas désespérer.

A l'heure qu'il est, l'Opéra-Comique compte à la tête sa troupe :

M. Roger dont les débuts remontent au 16 février 1838, et qui, depuis cette époque, a marché de progrès en progrès. M. Roger possède peut-être la plus belle voix de ténor qu'on ait entendue à ce théâtre : elle pleine, forte, et expressive ; nous croyons qu'elle conviendrait au grand Opéra, mais nous sommes de ceux qui verraient avec peine M. Roger réussir à l'Académie royale; car nous craindrions que cet organe enchanteur ne se brisât au milieu des cris et des éclats de voix qu'exige un drame lyrique en cinq actes. Espérons que M. Roger ne quittera pas l'Opéra-Comique auquel il fait honneur et qui lui est nécessaire;

Mlle Louise Lavoye, qui a débuté le 7 avril 1843. Depuis quatre ans cette charmante cantatrice a mis tant d'ardeur à perfectionner, par le travail, des facultés remarquables, qu'aujourd'hui, après l'admirable talent déployé par elle dans le rôle de Lucrezia, d'*Actéon*, beaucoup d'amateurs la placent déjà, dans leur estime, à côté de Mme Damoreau. Mlle Lavoye nous paraît avoir plus de rapport, par la nature de sa voix, avec Mme Dorus, dont elle rappelle, dès à présent, les meilleurs jours ;

Mlle Darcier, comédienne pleine de finesse et de charme, chanteuse agréable, que, par l'acte le plus habile de son administration, M. Basset vient de faire revenir au seul théâtre qui puisse la faire briller;

M. Audran, ténor léger, dont la jolie voix est servie par la plus parfaite méthode. Ses dernières créations ont posé M. Audran d'une façon tout à fait exceptionnelle;

M. Hermann-Léon, basse-taille chantante, doué d'un organe sonore et d'une grande facilité;

M. Ricquier, comédien consommé, et le digne successeur des Laruette, des Juliet et des Vizentini;

M. Henri, qui est le doyen de la troupe et qui déploie

beaucoup de verve et de franchise dans les basses-tailles comiques. M. Henri met, en outre, sa longue expérience et sa rare intelligence au service des importantes fonctions de régisseur-général, qu'il remplit avec un zèle infatigable;

M. Grignon, acteur soigneux et consciencieux, qui rend de vrais services au répertoire dans l'emploi des pères nobles, des basses-tailles *manteaux* et *tabliers*;

M. Mocker, ténor comique agréable;

M. Sainte-Foy, *trial* fort amusant, dont l'emploi malheureusement tend à disparaître du genre de l'opéra comique;

M. Moreau-Sainti, enfin, qui a le physique exigé pour jouer les *Philippe* et les *Gavaudan*.

Tous ces artistes, anciens et nouveaux, forment aujourd'hui un ensemble complet et des plus satisfaisans; chaque représentation en donne une preuve de plus. Aussi le public, toujours reconnaissant des efforts tentés pour lui plaire, fréquente-t-il avec assiduité l'Opéra-Comique, et fait-il la fortune d'un directeur, dont une malveillance trop empressée prédisait la chûte, au moment même où sa position devenait plus belle et plus assurée que jamais.

Nous avons le ferme espoir que M. Basset restera longtemps directeur, et pour les plaisirs intelligens du public, et pour la prospérité du théâtre.

TABLEAU

DU PERSONNEL DU THÉATRE ROYAL DE L'OPÉRA-COMIQUE
au 1er août 1847.

ADMINISTRATION:

MM. Basset, directeur;
Henri, régisseur général, chargé de la mise en scène;
Colleuille, régisseur de l'administration;
Saint-Albin, insp.-général de la salle et de la scène;
Belleville, inspecteur du matériel;
Palianti, régisseur de la scène;

MM. Certain, caissier ;
Duval, comptable ;
Auber, secrétaire de l'administration ;
Leroux, contrôleur en chef ;
Doche, souffleur des paroles ;
Réty, souffleur de la musique.

ARTISTES : (1)

MM. Henri.	Mmes Blanchard.
Ricquier.	Darcier.
Victor.	Félix-Melotte.
Moreau-Sainti.	Ste-Foy.
Palianti.	Révilly.
Grignon.	Lavoye aînée.
Roger.	*Rouillié.
Mocker.	*Marie Lavoye.
Emon.	*Lemercier.
Ste-Foy.	*Berthe.
Audran.	*Grimm.
Duvernoy.	*Levasseur.
Carlo.	*Morel.
Hermann-Léon.	*Charton.
Chaix.	
*Bussine.	
*Jourdan.	
*Montaubry.	
*Bauce.	

Sans compter un orchestre formidable, à la tête duquel M. Théodore Labarre fait remarquer son aplomb et son habileté ; des chœurs nombreux ; une légion de contrôleurs, d'ouvreuses de loges, de machinistes et d'employés dont le dénombrement exigerait presque autant d'espace qu'il nous en a fallu pour raconter cette *Histoire de l'Opéra-*

---

(1) Les noms des pensionnaires engagés par M. Basset, sont précédés d'une astérisque.

Comique, trop courte pour ce qu'elle devrait être, et trop longue pour ce qu'elle est.

FIN.

Le cadre que nous nous sommes tracé, les bornes que nous avons dû nous imposer, ne nous ont pas permis de mettre dans ce travail autre chose que des noms, des dates et des faits ; point d'anecdotes, point de détails, peu d'appréciations et moins encore de réflexions. Nous devons donc, en terminant, payer un large tribut de remercîmens à M. Henri et à M. Colleuille dont les souvenirs nous ont aidé à rappeler quelques faits, à préciser quelques dates que nous ne trouvions pas dans les ouvrages que nous avons consultés. — Que M. Saint-Albin reçoive également ici le témoignage de notre gratitude, pour l'empressement avec lequel il s'est mis à notre disposition. Il serait vivement à désirer que tous les employés des administrations théâtrales missent, dans leurs rapports quotidiens avec le public, les gens de lettres et les journalistes autant de bonne grâce et d'aménité qu'on en trouve chez MM. Colleuille et Saint-Albin.

Imprimerie de J. FREY, rue Croix-des-Petits-Champs, 33.

www.ingramcontent.com/pod-product-compliance
Lightning Source LLC
Chambersburg PA
CBHW060529050426
42451CB00011B/1719